THÈSE

POUR

LA LICENCE

RENNES
IMPRIMERIE DE CH. CATEL ET Cie,
rue du Champ-Jacquet, 2.

UNIVERSITÉ DE FRANCE. — ACADÉMIE DE RENNES.

FACULTÉ DE DROIT.

THÈSE POUR LA LICENCE.

JUS ROMANUM................................ De Donationibus inter Virum et Uxorem.

Code Napoléon..... Des Donations entre époux.

DROIT FRANÇAIS.... Droit Administratif.. Principes de juridiction et de compétence administratives.

Cette thèse sera soutenue le lundi **13** août **1860**, à deux heures du soir,

Par M. BLANDIN (Auguste-Pierre-Marie)

Né à Pléchâtel, le 27 avril 1838.

Examinateurs,

MM. HUE, GOUGEON, BLONDEL, professeurs; MARINIER, suppléant provisoire.

RENNES

IMPRIMERIE DE CHARLES CATEL ET Cie,

rue du Champ-Jacquet, 25.

1860

A MON PÈRE, A MA MÈRE.

———

A ceux qui m'aiment.

C.

JUS ROMANUM.

De Donationibus inter Virum et Uxorem.

(Inst., L. II, tit. 7. — Dig., lib. 24, tit. I. — Cod., lib. V, tit. XVI.)

Diversa fuerunt apud Romanos fata donationum inter virum et uxorem. Prioribus temporibus licitas fuisse jurisconsulti ferunt; postea, prohibitæ; denique ex senatus-consulto Antonini Caracallæ, donationes inter virum et uxorem, confirmabantur silentio donatoris. Hæc tria tempora seorsim expendenda sunt.

CAPUT PRIMUM.

Ab origine urbis usque ad paucos post legem Cinciam annos (ann. urb. cond. 550) primum tempus extenditur. Istis temporibus nullæ poterant donationes haberi si in manu erat uxor; ipsa enim nihil habens, nihil marito donare poterat; et pariter maritus uxori, quum ejus esset uxorium patrimonium.

Si vero uxor non erat in manu, maxima conjugibus erat donandi inter se facultas. Quin imo specialiter donationibus inter virum et uxorem favet lex Cincia quæ cum ultra certam quotitatem prohibet liberalitates, donationes inter virum et uxorem excipit.

CAPUT SECUNDUM.

Usque ad Antonini Caracallæ tempora viguit secunda legislatio. Tunc nter conjuges, donationes prohibitæ erant. Hanc prohibitionem usus introduxit : moribus apud nos receptum est, dicit Ulpianus, ne inter virum et uxorem donationes valeant.

Qua autem ratione veteres noluerint donationes inter virum et uxorem, dicit idem Ulpianus : fuisse providendum, ne mutuato amore, invicem spoliarentur, donationibus non temperantes, sed profusa erga se facilitate. Ad hanc rationem accedit hæc Pauli : fuisse cavendum ut esset eis studium liberos potius educendi. Sextus Cæcilius invenit hanc tertiam rationem : quod sæpe futurum esset ut discuterentur matrimonia, si non donaret is qui posset, atque ita eventurum, ut venalicia essent matrimonia. Hæc igitur prohibitio ex corruptione morum nascitur.

SECTIO PRIMA.

Inter quas personas donationes prohibentur.

Videamus nunc inter quos prohibitæ sint donationes.

§ 1. *Inter virum et uxorem.* — Sunt autem vir et uxor inter quos contractæ sunt nuptiæ sive matrimonium solemniter jure civili, aut consensu jure gentium. Ergo non prohibitæ sunt donationes inter sponsum et sponsam, inter eos qui divortio separati fuere, inter concubinum et concubinam. Quoad concubinos, erat primum dubitatio, quod concubinatus matrimonium imitatur, nec est legibus vetitus. Sed placuit stare intra angustiam verborum, viri et uxoris. Papinianus refert donationes in concubinos collatas non posse revocari convenisse. Attamen a concubina excipit Antoninus militum focarias; negans disciplinam pati, suos milites ab illis spoliari fictis blanditiis. (Cod., Lib. 2.)

Quid autem si matrimonium justum non est, si intervenerit impedimentum, ita ut non sit omnino matrimonium? Ulpianus putat donationem valere. Nec tamen opinor hoc ab Ulpiano, de omni dici impedimento; nam incertis ac nefariis nuptiis, an irrita sit donatio, dubitare vix potuit. Oportet ejus opinionem intelligere de impedimento matrimonii quod solo constet civili jure, ut si senatoris filia libertino contra senatus-consultum nupserit, etc.

§ II. Prohibentur igitur donationes inter virum et uxorem, sed longius processit interpretatio, et ad personas interpositas extensa fuit prohibitio quasi mente legis. Personæ interpositæ videntur :

1° Hi qui sub potestate viri et uxoris sunt. Ergo servo mariti uxor donare nequibat.

2º Personæ quæ sub patria potestate conjuges habent. Ita nec socer nurui, nec socero nurus donare poterat : et amplius nec vir socero donare poterat, nisi tamen uxor emancipata fuisset; tunc enim sub potestate patris jam non erat.

3º Denique donationes prohibentur inter eos qui in ejusdem potestate sunt. Nec opus interpretatione; potius generaliter tenendum, quod inter ipsos conjuges, aut qui ad eos pertinent, aut interpositas personas, si donationis causa agatur, non valere.

SECTIO SECUNDA.

Quæ donationes inter conjuges prohibitione non contineantur.

I. Inter virum et uxorem donationes prohibentur demum *in casu constantis matrimonii* : at in casu soluti non prohibentur.

Ideoque inter virum et uxorem mortis causa donationes receptæ sunt, sed sub conditione; in hoc tempus excurrit donationis eventus quo vir et uxor esse desinunt.

Eadem ratione placuit inter virum et uxorem valere donationem divortii causa factam.

Præter hæc ait Paulus adhuc posse inter virum et uxorem donationem fieri exilii causa; et quidem quemadmodum causa divortii. Hoc notat Ulpianus procul dubio significans eam donationem solum valere, si fiat sub ipsum exilii tempus, quia sic valet donatio divortii causa.

Notandum est, ex quibus causis inter virum et uxorem concessæ sint donationes, ex iisdem et inter socerum et generum, nurumve concessas esse.

Sed quæ sint inter virum et uxorem donationes prohibitæ? Lex nominat donationes, alia negotia non nominat : licita igitur inter virum et uxorem erit emptio-venditio, verbi gratia : in prohibitionem veniunt liberalitates veræ et propriæ; impropriæ non veniunt. Et argumentum accipio ex eo quod mortis causa donatio quæ est impropria, prohibitione excipitur, necnon donationes divortii causa.

II. Solæ prohibitæ sunt donationes quæ donantem pauperiorem, et accipientem ditiorem faciunt. Proinde, si quæ donatio donantem facit pauperiorem, accipientem vero non facit locupletiorem, aut vice versa, nihil improbatur, cessante ratione prohibitionis. Exempli causa, si uxor viro donet laticlavii petendi gratia, vel ut equestris ordinis fiat, donatio valebit : æque

Gaius addit, posse et ludorum gratia donationem fieri : id est, in sumptum ludorum quos initio magistratus populo exhibiturus erat maritus.

III. Munus non prohibetur : mûnus est donatio cum causa : ut puta, natalicium, nuptalicium. Xenia igitur quæ Kalendis Martiis et Saturnalibus mittuntur, inter conjuges permittuntur. Pomponius excipit tamen : *ne forte sint immodica.*

Retineatur semper in nostra materia hoc Pauli consilium : sane, non amare, nec tanquam inter infestos jus prohibitæ donationis tractandum esse; sed ut inter conjunctos maximo affectu, et solam inopiam timentes.

SECTIO TERTIA.

De inutilitate donationum inter virum et uxorem, et de his quæ inde consequuntur.

Prohibitas inter virum et uxorem vidimus donationes; videamus effectum prohibitionis.

Sciendum est, ait Ulpianus, ita interdictam inter virum et uxorem esse donationem, ut ipso jure nihil valeat quod actum est.

Nunc quæ consequentia inde sint, dicendum est. Non dubium quin res donata a donatore, dominio apud eum remanente, si extet, vindicari possit. Deinde si donatio intra stipulationem consistat, erit hic exitus, ut promissum non possit peti actione ex stipulatu; eodem modo, si stipulatione debitum fit accepto latum, poterit deinde peti, ac si nulla acceptilatio intervenisset : per traditionem autem veram, vel quasi, consummata donatione, nec traditio valet.

Quod si data sit pecunia, ex eaque empta sit res mobilis aut immobilis, Paulo visum est, cessante actione directa, donanti utilem competere in rem actionem.

Quod si consumpta sit, ait Ulpianus, condici hactenus, quatenus quis locupletior factus est : quia quod ex donatione non concessa retinetur, id aut sine causa, aut ex injusta causa retineri intelligitur; soletque ex his condictio nasci.

Apparet igitur, dominium rei donatæ, uxoris traditione in maritum non transire. De possessione nunc dicendum.

Ait Paulus : si vir uxori cedat possessione, plerique putant, possidere eam. Et duplici ratione : prior est, quod possessio est facti; res autem facti non potest jure civili infirmari. Altera ratio est : quod jus civile non studet subtilitati vanæ atque inani : quid in proposito attinet dicere non possidere mulierem, cum maritus, ubi noluit possidere, protinus amiserit possessionem?

Quam autem habeat uxor possessionem? Naturalem censemus respondendum. Bonæ fidei possessoribus, rem alienam sine justo titulo possidentibus, generaliter uxor assimilatur : horum exemplo, fructus jure fundi nullos suos facit, sed id non obstat, quo minus hos ex voluntate mariti, adhuc jure donationis suos faciat. Postremo Pomponius mulierem comparat cum possessore bonæ fidei, cui retentionem ob impensas in rem alienam factas, adversus vindicationem concedi constat, cum malæ fidei possessori, nisi ob impensas necessarias non concedatur.

CAPUT TERTIUM.

DE SENATUS-CONSULTO ANTONINI CARACALLÆ.

I. Cum hic status esset donationum inter virum et uxorem, imperator Antoninus Augustus, ante excessum Divi Severi, patris sui, oratione in senatu habita, auctor fuit ut aliquid laxaretur ex juris rigore.

In Oratione dicitur : fas esse eum quidem qui donavit pœnitere, si is prior vita decesserit : hæredem vero eripere forsitan adversus voluntatem supremam ejus qui donavit, durum et avarum esse.

Ulpianus arbitratus est, Orationem voluisse, donatoris morte confirmari donationes, non modo traditione impletas, quod conveniebat ejus verbis strictius acceptis, sed universas, etsi tantum stipulatione perfectas; æquitate in omnibus idem suadente.

II. Invalidæ fiunt donationes inter virum et uxorem ex tribus causis : 1° Si donatarius prior decesserit, 2° Divortium, 3° Revocatio :

1° Confirmationem obtinere donationes voluit Oratio, tantum si donator prior decesserit : nam si is cui donatum est, prior moritur, voluit Oratio, donationem nullius momenti esse.

Inde quæsitum si ambo decesserint forte naufragio, vel ruina, vel incendio, quid dicamus? Si ex circumstantiis constat quis prior spiritum posuit, expedita est quæstio; si vero non apparet, magis putat Ulpianus donationem valuisse.

Si in servitutem redigatur cui donatum est, extincta erit donatio.

Quid si ei aqua et igne erit interdictum, non tamen mors ex pœna subsecuta? Vult Constantinus donationes a viro in uxorem collatas, adhuc in pendente manere, quia in hoc casu matrimonium non dissolvitur.

2° Divortium revocationem continet. Distinguendum tamen. Est enim facti quæstio : sciendum est utrum bona gratia factum sit divortium; an cum ira animi et indignatione. In hoc casu non præsumitur perseverasse voluntas : in illo, contra.

3° Non semper morte donatoris donationes inter conjuges convalescunt, sed si donatorem non pœnituerit donationis.

Pœnitentiam autem, inquit Ulpianus, accipere debemus supremam, id est eam post quam alia non est.

Potest revocata videri voluntas, non modo palam verbis, sed tacite quoque rebus et factis. Quid autem si maritus ea quæ donaverit, pignori debet? Ait Ulpianus eum pœnituisse, licet dominium retinuerit.

IV. Unum addam. Justinianus constituit (Leg. 25, Cod.) donationes inter virum et uxorem, si excedant summam quingentorum solidorum, tum demum convalescere donatoris morte et silentio, si actis sint insinuatæ, aut alioquin testamento donatoris confirmatæ.

———

POSITIONES.

I. Senatus-consultum Antonini Caracallæ pertinet non solum ad donationes per traditionem, sed etiam ad donationes per stipulationem.

II. Periculum rei venditæ pertinet ad emptorem.

DROIT FRANÇAIS.

Des dispositions entre époux, soit par contrat de mariage, soit pendant le mariage.

INTRODUCTION HISTORIQUE.

Nous ne ferons pas ici l'histoire des législations sur les donations entre époux. Pour cela, il faudrait raconter la vie tout entière des peuples, dire quelles ont été leurs vicissitudes de moralité et de grandeur, de dépravation et de décadence. Ne sait-on pas, en effet, qu'il y a une relation pour ainsi dire fatale entre la grandeur des peuples et l'honneur dont ils environnent l'association conjugale? Ce n'est pas ici le lieu de se livrer à ces hautes considérations. Toutefois, quelques aperçus très-courts sur les diverses législations qui ont déteint sur notre Code actuel ne seront pas déplacées au début de ce travail.

Dans toutes les législations, nous voyons une distinction profonde entre les donations antérieures et les donations postérieures au mariage. Les premières jouissent partout de la faveur des législateurs. Les autres ont au contraire une destinée très-changeante; nous les voyons souvent prohibées, quelquefois permises, mais toujours elles sont contenues dans d'étroites limites. La raison de cette différence se comprend sans peine. Favoriser les donations entre futurs époux, c'est faciliter le mariage, et il n'est pas besoin de dire que le mariage mérite des faveurs exceptionnelles. Mais une fois le mariage formé, le but du législateur est atteint : loin de provoquer les donations entre époux, il doit les craindre. Après le mariage, les époux ne sont plus libres; l'un des deux est nécessairement influencé par l'autre :

« Le mari a l'autorité, la femme la séduction ; l'un règne par le commandement, l'autre par les caresses. C'est une alternative incessante de concessions, quand ce n'est pas une suite continuelle de faiblesses. » (Troplong, Contr. de Mar.) Après le mariage, les donations sont donc naturellement frappées de suspicion. .

Nous avons vu déjà les diverses transformations de la législation romaine en notre matière. Dans les pays de droit écrit, on suivait exactement la loi romaine pour les donations entre époux pendant le mariage. Quant aux donations antérieures au mariage, on avait introduit certaines libéralités inconnues en droit romain : 1° l'augment de dot, qui conférait à la femme survivante le droit de prendre dans les biens du mari une certaine part qui s'ajoutait à sa dot, qui l'augmentait ; dans certains pays, l'augment de dot était *conventionnel, préfix* ; dans d'autres, il était *légal ;* 2° le contre-augment, qui donnait droit au mari d'opérer certaine retenue sur la dot de la femme ; pour l'établir, il fallait toujours une stipulation expresse ; 3° un droit de survie qu'on pouvait stipuler en faveur de l'un ou de l'autre des époux.

Les conquérants de la Gaule, en s'établissant dans ce pays, y apportèrent les institutions germaniques. C'est de là qu'est né le droit coutumier, qui fut en vigueur au nord de la Loire jusqu'en 1789. Tacite (*De mor. Germ.*, 18) et les historiens plus récents qui ont raconté la vie des peuplades germaines, s'accordent à dire que le mari et la femme se faisaient avant le mariage des dons réciproques. Le présent fait par le mari à la femme était considéré comme le prix du *mundium,* espèce de tutelle que le père de famille exerçait sur toute sa maison. Ce prix du *mundium* porta généralement le nom de *dos ;* mais cette *dos,* apportée par le mari à la femme, n'avait, comme on le voit, aucun rapport avec ce que l'on entendait en droit romain, et ce que l'on entend aujourd'hui par le mot *dot.* A côté de cette donation, les lois barbares plaçaient le *morgengab ;* c'est le *don du matin,* qui ne pouvait être fait qu'aux vierges le lendemain des noces, *ob prœmium virginitatis.* Mais le *morgengab* avait un caractère trop charnel pour la spiritualité du christianisme. Il ne tarda pas à se modifier, et de sa modification naquit le douaire légal ou coutumier qui joue un si grand rôle dans notre ancienne jurisprudence. Le douaire changeait de caractère suivant les diverses coutumes ; mais en définitive, il se présente partout comme une libéralité faite à la femme pour conserver la mémoire de la dignité et l'honneur des maisons de leurs maris.

Quant aux donations pendant le mariage, c'est un point fort douteux aujourd'hui que de savoir si elles étaient permises ou prohibées par les lois barbares.

Dans les pays de coutume, les donations pendant le mariage étaient prohibées. Loysel a formulé la règle : « *Donation en mariage ne vaut.* » Mais cette prohibition avait dans nos coutumes un motif tout autre qu'en droit romain. Imbues des idées chrétiennes, les coutumes voulaient honorer le mariage en le rendant complètement désintéressé.

La règle de Loysel souffrait cependant de nombreuses exceptions. Pothier divisait, sous ce rapport, les coutumes en trois classes.

I. Certaines coutumes défendaient toute donation entre époux pendant le mariage. C'étaient les plus nombreuses et les plus importantes, celles de Paris, d'Orléans, etc.

II. D'autres admettaient des donations révocables comme en droit romain. (Tours, Poitiers.)

III. D'autres enfin permettaient à l'un des conjoints de faire à l'autre des donations entre-vifs simples, au moins en certains cas et sous certaines conditions. (Angoumois, Saint-Jean-d'Angély, Auvergne.)

Presque toutes permettaient le don mutuel, mais sous des conditions plus ou moins restrictives.

Les donations par contrat de mariage jouissaient, au contraire, de la plus grande faveur; elles étaient soumises à des règles plus larges que les donations entre étrangers. Toutefois, l'Édit des Secondes Noces, publié en 1560 par François II, sous l'inspiration du chancelier de L'Hospital, vint restreindre la quotité disponible au cas où l'époux disposant aurait des enfants d'un précédent mariage. Cet édit rendit obligatoires dans toute la France deux lois romaines : *Feminæ quæ* et *Hac edictali*, suivies déjà dans les pays de droit écrit. Il avait deux chefs.

Le premier défendait aux femmes veuves ayant des enfants de faire à leurs nouveaux maris des libéralités directes ou indirectes, excédant la part prise dans leur succession par l'enfant le moins avantagé. Quoique, d'après les termes de l'édit, cette prohibition ne s'appliquât qu'aux femmes, la jurisprudence l'étendait aux maris.

Le deuxième défendait aux femmes d'aliéner, au profit de leurs nouveaux époux ou même de tous autres, les biens qu'elles avaient reçus par dons et libéralités de leurs précédents maris. La même défense était faite aux maris pour les biens qu'ils avaient reçus de leurs premières femmes.

Vint enfin le droit intermédiaire. Droit romain, droit coutumier, tout fut supprimé. Le droit des donations entre époux fut édicté dans les lois des 5 brumaire et 17 ventôse an II. Le législateur de l'an II, tout entier à la poursuite des théories politiques de l'époque, se soucia peu du juste et de l'injuste. La loi du 5 brumaire annule *même rétroactivement*, à partir de 1789, toute donation entre-vifs : elle ne fait exception qu'en faveur des époux auxquels elle garantit tous avantages stipulés; seulement, s'ils ont des enfants, elle limite leurs libéralités à l'usufruit de la moitié des biens. La loi du 17 ventôse maintint la rétroactivité de la loi de brumaire; mais elle fut encore plus favorable aux époux : ainsi, elle leur permit de se faire toutes libéralités qu'ils jugeraient à propos. Les donations entre époux furent déclarées irrévocables, et leur disponible illimité quand il n'y avait pas d'enfants; l'Édit des Secondes Noces était supprimé. Dans le cas où les époux laissaient des enfants communs, la disposition de la loi de brumaire fut maintenue.

Une pareille législation ne pouvait être de longue durée. Aussi, dès que les principes révolutionnaires commencèrent à s'adoucir un peu, on sentit le besoin de revenir à des lois plus en harmonie avec la dignité du mariage et l'avenir des enfants d'un premier lit. C'est dans cet esprit que fut créé le nouveau droit du Code Napoléon pour les donations entre époux.

DROIT MODERNE.

Des donations entre époux, soit par contrat de mariage, soit pendant le mariage.

Les rédacteurs du Code ont traité beaucoup trop superficiellement la matière des donations entre époux. Ils ont mêlé d'une manière déplorable des règles de l'ancien droit, différentes entre elles quant à leur objet et quant à leur origine, et cette confusion de principes opposés a jeté malheureusement une grande incertitude dans notre jurisprudence actuelle. Notre travail consistera donc à dégager les principes et à grouper autour d'eux les dispositions qui s'y rattachent et qui sont éparses dans le Code. Pour plus de méthode, nous diviserons la matière en deux parties. Dans la première, nous étudierons les dispositions que les époux peuvent faire au profit l'un de l'autre par contrat de mariage ou pendant le mariage, et les effets de ces dispositions. Dans la deuxième, nous rechercherons avec soin quelle est la portion dont ils ont pu disposer en faveur l'un de l'autre.

PREMIÈRE PARTIE.

DES DONATIONS FAITES ENTRE ÉPOUX PAR CONTRAT DE MARIAGE OU PENDANT LE MARIAGE, ET DE LEURS EFFETS.

SECTION I.

Des donations entre époux par contrat de mariage.

Les donations entre époux par contrat de mariage jouissent de faveurs exceptionnelles. Elles sont soumises à des règles spéciales, présentant le plus souvent des dissemblances profondes avec les donations ordinaires, et même quelquefois avec les donations faites aux époux dans le contrat de mariage par des tiers.

Il importe, avant d'entrer en matière, de signaler ces dissemblances, et de bien déterminer les traits caractéristiques des donations entre époux.

Contrairement aux donations ordinaires :

1° Les donations entre époux peuvent être faites sous des conditions potestatives de la part du donateur. La loi permet de déroger à la règle : *donner et retenir ne vaut.* (944 s., 1086, 1091.)

2° Elles peuvent comprendre des biens à venir. (1082, 1091.)

3° Elles ne peuvent être déclarées nulles sous prétexte de défaut d'acceptation (1087). Comprenons bien ces termes de l'art. 1087. Les contrats à titre gratuit comme les contrats à titre onéreux ne peuvent valoir que par l'accord des volontés; il faut donc que le donataire consente, qu'il accepte. Seulement, la loi supprime en sa faveur la mention expresse, la *solennité* de l'acceptation exigée par l'art. 932.

4° Elles deviennent caduques si le mariage ne s'ensuit pas.

5° Il est permis au mineur de faire à son conjoint des donations par contrat de mariage (1095, 1309, 1398); et naturellement il en devait être ainsi : *habilis ad nuptias, habilis ad pacta nuptialia.* Le mineur, dans son contrat de mariage, est assimilé à un majeur; la seule condition pour cela, c'est qu'il soit muni du consentement des personnes dont le consentement est requis pour la validité du mariage.

Ces dérogations aux donations ordinaires ne sont pas les seules; nous signalons seulement les plus importantes.

Contrairement aux donations faites en faveur du mariage par des tiers :

1° Les donations de biens à venir entre époux ne sont point présumées faites en faveur des enfants à naître du mariage (1093).

2° Elles ont un disponible spécial.

3° Elles ne sont pas révoquées par la survenance d'enfants (1096). Cette prohibition de la loi se comprend de reste. Ne serait-ce pas, en effet, interdire toutes donations entre époux que de les rendre révocables pour cause de survenance d'enfants?

Il y a des auteurs qui refusent de suivre ce principe jusqu'au bout. D'après eux, la donation de biens présents, faite par l'un des conjoints à l'autre, serait révocable par la survenance d'enfants issus d'un second mariage. Ils se fondent sur l'esprit de l'art. 960. Le législateur a voulu, disent-ils, empêcher le donateur de dépouiller sa famille pour enrichir des personnes étrangères, et c'est cependant ce qui arriverait en partie dans notre espèce si la donation n'était pas révoquée. Nous ne pouvons adopter ce système. Et d'abord, l'art 1096 s'y refuse. Sa disposition est générale : « Les donations ne seront point révocables pour cause de survenance d'enfants. » Ces termes ne comportent point de distinction entre les enfants d'un premier et ceux d'un second lit. L'art. 39 de l'ordonnance de 1731, dont l'art. 960 du Code n'est que la reproduction, en exceptant de la révocation par survenance d'enfants les donations que se font les conjoints, ne distingue pas davantage. Les révocations s'écartent du droit commun des donations : il ne faut donc pas distinguer lorsque la loi ne distingue pas (Toullier, V, 310); et se rappeler d'ailleurs que la donation a peut-être été une des causes déterminantes du mariage, et que le droit ayant été acquis au conjoint, a passé irrévocablement à ses héritiers quels qu'ils fussent (Duranton, VIII, 582.)

4° Les donations entre époux par contrat de mariage sont révoquées de plein droit pour cause d'ingratitude et par la séparation de corps. Toutefois, cette opinion est loin d'être universellement admise, et il importe d'examiner la question.

Remarquons d'abord que les deux questions n'en font qu'une, puisque les causes d'ingratitude et de séparation de corps sont les mêmes (955, 229, 230, 231). Or, aux termes de l'art. 299, l'époux contre lequel le divorce aura été admis perdra tous les avantages que l'autre époux lui avait faits.

D'autre part, sauf la dissolution du mariage et les effets qui s'y rattachent, la loi de 1816, en abolissant le divorce, lui substitue la séparation de corps pour tous les autres effets. Il s'ensuit naturellement que la révocabilité des donations, attachée au divorce par l'art. 299, a été transportée à la séparation de corps par la loi de 1816.

Nos adversaires s'appuient sur le texte de l'art. 959, qui déclare que les donations en faveur du mariage ne seront pas révocables pour cause d'ingratitude, et sur les art. 960 et 1088, desquels il résulte que par ces mots, *donations en faveur du mariage*, le Code entend toutes donations faites dans le contrat de mariage, tant celles qui sont faites aux époux par des tiers que celles qu'ils se font entre eux. Nous ne pouvons pas nous rendre à cet argument. En principe, il est immoral de dire que la qualité de conjoint donne à un individu le droit d'être ingrat; et d'ailleurs, la terminologie de l'art. 959 n'est pas assez exacte pour qu'on puisse en déduire une immoralité. En effet, est-il bien vrai que ces mots de notre article : *donations en faveur du mariage*, aient le même sens que dans les art. 960 et 1088, que les rédacteurs du Code les aient choisis à dessein pour désigner toute espèce de donations en faveur du mariage? Nous ne pouvons le croire. Il nous semble beaucoup plus rationnel de penser que par ces mots le Code n'entend parler que des donations faites par des tiers aux époux, et de rentrer dans le droit commun lorsqu'il s'agit de donations faites par les époux eux-mêmes.

Ces préliminaires étant posés, et les caractères distinctifs des donations entre époux étant connus, il est temps d'aborder l'étude des textes.

Nous pouvons dire avec l'ancienne jurisprudence que la faveur des contrats de mariage est aussi grande parmi nous que celle des testaments chez les Romains. Et en effet (art. 1091), le législateur permet aux époux de se faire par contrat de mariage telle donation qu'ils jugeront à propos : donation de biens présents, donation de biens à venir, donation cumulative de biens présents et à venir, et enfin donation sous des conditions potestatives de la part du donateur. Étudions séparément chacune de ces diverses espèces de donations.

CHAPITRE I.

DONATIONS DE BIENS PRÉSENTS.

(1082, 1092.)

L'art. 1092 renvoie pour les donations de biens présents, faites entre époux par contrat de mariage, aux règles du chapitre précédent, c'est-à-dire à l'art. 1081, qui renvoie lui-même aux règles générales des donations faites à ce titre.

Il résulte donc de ces deux articles que la donation entre époux de biens présents par contrat de mariage n'est autre chose que la donation entre-vifs ordinaire (sauf, bien entendu, les exceptions générales que nous avons signalées des art. 960, 1087 et 1095). Dès lors, pourquoi lisons-nous dans la première disposition de notre art. 1092 que cette donation n'est pas censée faite sous la condition de survie de l'époux donataire? N'est-ce pas une règle de droit commun que les donations de biens présents confèrent un droit actuel et irrévocable? Cette disposition, cependant, n'est pas superflue, et le Code a bien fait de s'expliquer. Duranton (t. IX., 869) prétend que c'est pour prévenir les suppositions qu'auraient pu faire les commentateurs et pour marquer une opposition avec les donations de l'art. 1093, qui sont censées faites sous la condition de survie du donataire. Nous préférons le sentiment de Marcadé. Les rédacteurs du Code ont tout simplement opté entre les deux systèmes qui partageaient notre ancienne jurisprudence. Dans les provinces de droit écrit, les donations, même de biens présents, étaient toujours soumises à la condition tacite de la survie du donataire. Dans les pays de Coutume, au contraire, les donations n'étaient soumises à la condition de survie qu'autant que le donateur s'en était expliqué positivement (Dumoulin, *De donat. in Contr. Matr.*, n° 14.). Les rédacteurs du Code ont adopté le système des Coutumes en entier. La condition de survie n'est pas présumée, mais il est toujours loisible au donateur de la stipuler.

Lorsque la donation est ainsi faite sous la condition de survie du donataire, il importe de distinguer si cette condition est suspensive ou résolutoire. La condition est-elle suspensive, le donateur est resté propriétaire ; ceux donc qui prétendent que la condition s'est réalisée, doivent le prouver : *onus probandi ei incumbit qui dicit.* Que si, au contraire, il y a condition de survie avec stipulation de retour, le donataire est devenu propriétaire au moment même de la donation : ce sera donc à ceux qui prétendent que la condition est résolue de le prouver. On comprend l'intérêt de cette distinction dans le cas des comourants. Je suppose que deux époux, dont l'un a fait donation à l'autre, viennent à périr dans un même évènement, naufrage, incendie, etc.; on n'appliquera pas ici les présomptions des art. 720, 721, 722, tracées pour le cas tout spécial des successions *ab intestat* : dans l'espèce, il n'est pas possible non plus de prouver la survie de l'un ou de l'autre. En conséquence, les biens donnés seront, dans le cas de donation sous condition suspensive, recueillis par les héritiers du donateur, tandis qu'ils seront recueillis par les héritiers du donataire dans le cas où la donation aura été faite avec stipulation de retour.

Il peut arriver que le donateur se réserve la faculté de disposer d'un effet compris dans la donation de biens présents, ou d'une somme fixe à prendre sur ces mêmes biens. Cette faculté lui est expressément accordée par les art. 947 et 1086; mais alors la donation devra suivre les règles de la donation sous condition potestative. Nous en parlerons bientôt.

Il n'est pas besoin de rappeler ici les différences qui séparent la donation qui nous occupe des donations entre-vifs ordinaires, et qui lui sont communes avec les autres donations entre époux. Elles sont indiquées plus haut. Disons seulement que l'art. 564, C. Com., présente un cas de révocation tout spécial à la donation de biens présents faite entre époux par contrat de mariage. Voici la disposition de cet article : lorsque le mari est en faillite, la femme ne peut exercer aucune action à raison des avantages qui lui ont été faits par le contrat de mariage; et réciproquement, dans ce cas, les créanciers du mari ne pourront se prévaloir des avantages faits par la femme au mari dans ce même contrat.

Pour le reste, la donation de biens présents est soumise aux règles des donations ordinaires; qu'il nous suffise d'indiquer les suivantes :

1° Elle ne peut être faite au profit d'une personne qui n'est pas encore conçue, et par conséquent au profit des enfants à naître du mariage;

2° Lorsque la donation est d'objets mobiliers, un état estimatif des objets doit être annexé à la minute de l'acte qui la constate (938);

3° Elle doit être transcrite lorsqu'elle comprend des immeubles susceptibles d'hypothèques (939).

CHAPITRE II.

DONATIONS DE BIENS A VENIR OU INSTITUTION CONTRACTUELLE.

(1082, 1083, 1093.)

La donation de biens présents est sans aucun doute la plus favorable pour le donataire. Que pourrait-il désirer davantage? Elle le rend sur-le-champ propriétaire. Mais peu de gens consentent à se dépouiller ainsi de leur vivant; il en est beaucoup qu'effraye la maxime de Loysel (t. 4, n° 5, § 14) :

> Qui le sien donne avant mourir
> Bientôt s'apprête à moult souffrir.

La donation de biens à venir n'offre pas ces inconvénients, puisque le donateur ne se dépouille que pour le temps où il ne vivra plus. Cette donation porte encore aujourd'hui dans l'usage le nom d'institution contractuelle qu'on lui donnait dans l'ancienne jurisprudence; mais cette expression n'est plus exacte, puisque (art. 893) la volonté de l'homme ne peut plus faire que des donataires ou des légataires, et est impuissante à créer des héritiers. Les donations à cause de mort sont bannies de notre législation actuelle.

Il faut bien se pénétrer de la nature de l'institution contractuelle pour en comprendre les effets.

Cette donation se présente sous deux aspects opposés : irrévocable dans un sens, elle est révocable dans l'autre. Ainsi, elle ne dépouille pas actuellement le donateur de la possession des choses données, mais elle modifie le droit de propriété qu'il a sur elles. Dès que la donation est faite, le donataire a un droit acquis irrévocable à la succession des objets donnés. Le donateur ne peut plus les aliéner à titre gratuit par donation ou par egs. Bien différent en cela du testateur, qui peut toujours révoquer son acte, le donateur est à jamais obligé de respecter celui qu'il a fait. C'est tout au plus si la loi lui permet de disposer à titre gratuit des objets compris dans la donation *pour sommes modiques*, à titre de récompense ou autrement (art. 1083).

D'un autre côté, l'institution contractuelle est révocable en ce sens qu'elle laisse au donateur le droit de disposer de ses biens à titre onéreux, et, par conséquent, de les dissiper (art. 1083). C'est, comme on le voit, une dérogation à la maxime : *donner et retenir ne vaut.*

Cette idée générale de l'institution contractuelle nous montre quel est le droit du donataire, quelle est sa position. En général, nous pouvons dire que sa position est semblable à celle de l'héritier réservataire : le droit que la donation confère à l'un et le droit que la loi confère à l'autre sont de même nature; tous les deux, ils ont un droit de succession. Mais il ne faut pas exagérer cette assimilation. Le donataire n'est jamais héritier; il ne représente jamais la personne du défunt; il ne sera donc jamais tenu de ses dettes *ultra vires.* Ce n'est même pas un légataire; et lors même que la donation serait de l'universalité des biens à venir, le donataire n'aura pas la saisine accordée par l'art. 1006 au légataire universel. Il devra donc former une demande en délivrance.

Nous ne dirions pas que la donation de biens à venir ne peut se faire que par contrat de mariage si l'opinion contraire n'avait été avancée par Toullier, et quelques auteurs à sa suite (1). C'est une erreur. En principe, la donation de biens à venir est prohibée (art. 1130). Si l'art. 1083 la permet dans un cas particulier, *par contrat de mariage,* nous ne pouvons voir là qu'une exception au droit commun, exception qu'on ne peut pas étendre au-delà des termes de la loi.

Quels biens peut comprendre l'institution contractuelle? Sur ce point, liberté entière pour le donateur. Il peut donner soit l'universalité des biens qu'il laissera à son décès, soit une quote-part, soit un objet déterminé (art. 1082).

Du principe de l'irrévocabilité des donations de biens à venir, il résulte que la femme dotale, même autorisée, ne peut donner ses immeubles dotaux, comme biens à venir, quand ils ne sont pas stipulés aliénables, si l'aliénation n'a pour but l'établissement des enfants (1555, 1556).

Nous avons vu que les donations entre époux de biens présents par contrat de mariage ne sont pas présumées faites sous la condition de survie du donataire. C'est le principe opposé qui régit les donations entre époux de biens à venir. Elles sont présumées faites sous la condition de survie de l'époux donataire.

La dernière disposition de notre art. 1093 a donné lieu à des dissidences entre les auteurs. Voici le texte : « Les donations de biens à venir ou de

(1) **T. IX,** n° 830.

biens présents et à venir ne seront point transmissibles aux enfants issus du mariage, en cas de décès de l'époux donataire avant l'époux donateur. » On s'est demandé si cependant, par une disposition spéciale, ces donations pouvaient être étendues aux enfants? Des auteurs ont soutenu l'affirmative (Duranton, IX, 759), sur la considération que cette clause n'a rien de contraire à la loi, puisque la loi elle-même la supplée dans les donations de biens à venir lorsqu'elles sont faites par des tiers. L'opinion contraire est plus généralement admise, et avec raison selon nous. Il est faux de dire que la clause par laquelle les donations de biens à venir seraient déclarées transmissibles aux enfants à naître, n'a rien de contraire à la loi. Que deviendrait alors l'art. 906, qui défend, en principe général, de faire des donations à des personnes non encore conçues? Si le législateur fait exception à ce principe dans les art. 1082 et 1084 pour les donations faites aux futurs époux par des tiers, cette exception ne peut être étendue sans un texte spécial aux donations faites par les époux entre eux. Or, ce texte n'existe pas. Et d'ailleurs, quoi de plus rationnel? Il n'est pas besoin, dans notre espèce, de déroger au principe général de l'art. 906; les biens que l'enfant ne recueillera pas à titre de donation par le prédécès de l'époux donataire, il les retrouvera dans la succession de l'époux donateur, ce qui ne se présente pas dans les cas prévus par les art. 1082 et 1084. (En ce sens, Delvincourt et Marcadé.)

CHAPITRE III.

DONATION CUMULATIVE DE BIENS PRÉSENTS ET A VENIR.

(1084, 1085, 1093.)

Le but constant du législateur, nous l'avons déjà dit, est d'encourager au mariage : c'est ainsi qu'il entoure la donation de biens présents de faveurs exceptionnelles; c'est ainsi qu'il se relâche de la rigueur des principes en permettant la donation de biens à venir en faveur du mariage. Toutefois, les garanties que cette dernière espèce de donation offre au donataire ne sont pas infaillibles, car le donateur peut perdre ses biens dans des spéculations hasardeuses ou autrement. Dans. la prévoyance de ces justes inquiétudes, le législateur a permis aux futurs époux la donation cumulative de biens présents et à venir, dont l'effet est de laisser au donataire une option entre les biens présents au moment de la donation et ceux existant au moment du décès, pourvu qu'on ait eu soin de constater la fortune du donateur au moment de la donation. Comme on le voit, le législateur a établi, dans l'intérêt du mariage, un véritable luxe de garanties contre les éventualités de l'avenir.

La donation cumulative ayant beaucoup de rapports avec l'institution contractuelle, nous n'avons qu'à signaler les différences qui les distinguent.

Et d'abord, différences quant à la forme. Nous sommes convaincu que ces deux espèces de donations ne peuvent se faire que par contrat de mariage. Mais voici où elles se séparent :

1° La transcription, inutile dans l'institution contractuelle, est nécessaire dans la donation cumulative de biens présents et à venir, en ce qui conconcerne les biens présents;

2° Pour établir une démarcation précise entre la fortune du donateur au moment de la donation et les biens advenus dans la suite, et aussi pour faire connaître aux tiers le caractère mixte de la donation, le Code exige, dans l'article 1084, qu'*il soit annexé à l'acte un état des dettes et charges du donateur existantes au jour de la donation*, faute de quoi la donation cumulative dégénère en simple institution contractuelle (1085).

Voyons maintenant les différences quant aux effets.

Pendant sa vie, le donateur, comme l'instituant contractuel, reste plein et entier propriétaire des biens donnés, sans qu'il ait besoin de s'en réserver l'usufruit. Mais à sa mort, il faut profondément distinguer entre le cas où le donataire opte pour les biens présents, et le cas où il opte pour les biens à venir.

1° *Le donataire opte pour les biens présents*. Dans ce cas, la donation cumulative produit les effets d'une donation de biens présents. Le donataire ne subira que les dettes existantes au jour de la donation; les aliénations consenties par le donateur à titre gratuit, ou même à titre onéreux, sont anéanties de plein droit; le donataire entre en possession sans demande en délivrance; il peut poursuivre les immeubles entre les mains de tout tiers détenteur, pourvu toutefois que la donation ait été transcrite en ce qui concerne les biens présents. Quant aux meubles, l'art. 2279 protègera les tiers qui les détiendront de bonne foi; mais alors, nous croyons que le donataire pourrait recourir contre les héritiers du donateur pour la valeur de ce dont il a été évincé par la faute de leur auteur.

2° *Le donataire opte pour les biens à venir*, c'est-à-dire pour toute la donation, car si l'on peut séparer les biens présents des biens à venir, la réciproque n'est pas vraie. Zachariæ (§ 740) a, selon nous, parfaitement caractérisé la donation cumulative. C'est, dit-il, une variété de l'institution contractuelle; elle n'en diffère même, à vrai dire, que par le droit d'option dont jouit le donataire. Donc, dans notre espèce, les choses se passeront comme si la donation était une donation pure et simple de biens à venir. En conséquence, le donataire devra respecter les aliénations à titre onéreux, même de biens présents, consenties par le donateur; et, en second lieu, il sera tenu de payer les dettes du défunt dans la limite de son émolument, c'est-à-dire tant les dettes postérieures que les dettes antérieures à la donation. *Bona non intelliguntur nisi deducto œre alieno.*

CHAPITRE IV.

DES DONATIONS FAITES SOUS DES CONDITIONS POTESTATIVES DE LA PART DU DONATEUR.

(1086 — 1091)

L'art. 1086 permet aux tiers de faire aux époux, par contrat de mariage, des libéralités sous condition potestative, et l'art. 1091 étend cette faculté aux libéralités que pourront se faire les époux eux-mêmes dans leur contrat de mariage. La célèbre maxime de notre ancienne jurisprudence : « *donner et retenir ne vaut,* » reçoit donc encore ici une nouvelle atteinte.

Notre art. 1086 contient deux dérogations principales au droit commun contenu dans les art. 944, 945 et 946.

I. La donation pourra être faite à charge pour le donataire de payer indistinctement toutes les dettes et charges de la succession du donateur, ou sous d'autres conditions dont l'exécution dépendrait de sa volonté; seulement, dans le cas où la donation serait trop onéreuse, le même article accorde au donataire la faculté de renoncer à la donation.

II. Lorsque le donateur se réserve la faculté de disposer de l'un des biens compris dans la donation ou d'une somme fixe à prendre sur ces mêmes biens, l'offre ou la somme, s'il meurt sans en avoir disposé, seront censés compris dans la donation, et appartiendront au donataire ou à ses héritiers.

Ainsi, pas de doute possible si le donateur prédécède; contrairement au droit commun édicté dans l'art. 946, l'objet appartient au conjoint donataire. Mais si l'époux donataire prédécède, la donation devient-elle, quant aux biens réservés, caduque par sa mort? Cette question est très-controversée. La difficulté vient de ce que l'art. 1089 proclame la caducité des donations prévues par les art. 1082, 1084 et 1086 au cas du prédécès de 'époux donataire et de sa postérité. Certains auteurs (1) croient que l'article 1086 est corrigé par l'art. 1089. D'après eux, la donation serait toujours caduque par le prédécès de l'époux donataire. Leur opinion se fonde sur ce que la réserve dont il s'agit affecte réellement la donation, quant à l'objet sur lequel elle porte, des caractères de la disposition à cause de mort. Nous ne pouvons partager cette opinion. Et d'abord, les donations à cause de mort n'existent plus sous l'empire du Code (art. 893); les règles de l'ancien droit sur ces sortes de dispositions ne peuvent donc plus recevoir aujourd'hui d'application. En second lieu, la rédaction de l'art. 1089 est vicieuse en plusieurs points, et ne peut aller jusqu'à supprimer des principes généraux de notre droit. Les conditions potestatives autorisées par l'art. 1086 seront tantôt suspensives et tantôt résolutoires. Or, si les premières, d'après leur propre nature, sont soumises à l'art. 1089 et deviennent caduques par le prédécès du donataire, il est évident que la caducité ne peut jamais atteindre ces dernières. Que je dise, en effet : « Je vous donne le fonds Cornélien, mais la donation sera résolue si je me marie; » il est certain que vous, donataire, vous serez saisi immédiatement, vous deviendrez à l'instant propriétaire sous la condition résolutoire : *si je me marie*. Par conséquent, si vous me prédécédez, vous transmettrez à vos héritiers votre droit tel qu'il se comporte; le droit résoluble que vous avez sur le fonds Cornélien fera nécessairement partie de votre succession. Hors le cas des conditions suspensives, la donation ne deviendra donc jamais caduque par le prédécès de l'époux donataire.

SECTION II.

Des donations entre époux faites pendant le mariage.

(1096—1097.)

Prohiber toute donation entre époux pendant le mariage, comme le faisaient nos anciennes coutumes, serait impossible. Les époux sauraient trouver mille moyens d'éluder la loi. Il fallait donc permettre aux époux de se faire des libéralités pendant le mariage, mais en même temps prendre

(1) Dur., IX, 740, 758; Toull., V. 826.

garde « *que le mariage ne devînt pas vénal, que la concorde ne fût pas achetée par des libéralités, et que l'un des époux ne s'enrichît pas aux dépens de l'autre;* » en un mot, tout en permettant les donations pendant le mariage, il fallait les rendre *révocables.* Tel était le système du droit romain; tel est aussi celui auquel se sont arrêtés les rédacteurs du Code. La révocabilité est donc le grand trait distinctif qui sépare les donations entre époux pendant le mariage des donations par contrat de mariage.

Toute la matière des donations entre époux pendant le mariage est contenue dans deux articles du Code, les art. 1096 et 1097. Ces articles sont loin de suffire, et laissent en dehors de leurs termes une foule de questions très-obscures et très-controversées. Pour mettre un peu d'ordre dans cette matière, nous signalerons d'abord le grand principe auquel il faudra rapporter toutes explications.

La donation entre époux doit-elle être considérée non comme une disposition testamentaire, mais comme une donation entre-vifs? Tout dépend de la solution de cette grande question. Quant à nous, nous n'hésiterons pas à dire qu'elle constitue une donation entre-vifs : l'art. 893 ne permet pas d'en douter. Cet article, en effet, supprime les donations à cause de mort de notre ancien droit, en ne permettant de disposer de ses biens à titre gratuit que par donation entre-vifs et testament. Or, l'art. 1096 qualifie *donations entre-vifs* les donations entre époux pendant le mariage. Il faut bien les accepter comme telles.

Disons donc que les donations entre époux sont des donations entre-vifs. Ce principe est fertile en conséquences. Avec lui, nous pourrons facilement résoudre toutes les questions qui se rattachent soit à la validité des donations entre époux, soit à leurs effets.

I. *Conditions de validité des donations entre époux.* — Du principe que les donations entre époux sont des donations entre-vifs, il résulte qu'elles doivent être faites dans la forme des donations entre-vifs ordinaires. Ainsi :

1° Elles devront être faites devant notaire, et il en devra être gardé minute (931).

2° Elles sont soumises à l'acceptation expresse du donataire (932). L'art. 1087, qui fait exception à ce principe général des donations, restreint cette exception aux donations faites par contrat de mariage.

3° Elles sont soumises à la formalité de la transcription pour les immeubles (939). La transcription, parfaitement inutile pour le cas où le donateur aurait lui-même consenti des hypothèques, ne sera pas cependant sans avantage pour le donataire; ainsi, elle écartera les créanciers qui pourraient acquérir des hypothèques sans le concours de la volonté du donateur. (Hypothèques légales ou judiciaires.)

4° Elles sont soumises à la formalité de l'état estimatif pour les effets mobiliers qu'elles comprennent (948). Cette formalité a son utilité en matière de rapport, de réduction et d'option quand il s'agit d'une donation cumulative. Inutile de dire que ces deux derniers numéros ne peuvent pas s'appliquer à la donation de biens à venir.

5° Elles sont immédiatement sujettes au droit d'enregistrement, et non pas au jour du décès du donateur.

6° Le mineur, même au-dessus de seize ans, ne pourra faire aucune donation à son conjoint pendant le mariage.

Relativement à la forme, nous ne trouvons qu'une seule règle spéciale aux donations entre époux pendant le mariage. Cette règle est renfermée dans l'art. 1097, qui contient défense aux époux de se faire dans le même acte des donations réciproques. On a voulu par là prévenir les surprises et la mauvaise foi de l'un des époux qui aurait pu révoquer à l'insu du conjoint; et aussi mettre fin à toutes les discussions qui auraient pu naître d'une certaine indivisibilité qu'on pouvait attribuer à ces sortes de donations.

Enfin, relativement aux biens, les donations entre époux pendant le mariage sont les mêmes que les donations par contrat de mariage. Elles peuvent donc comprendre : 1° les biens présents; 2° les biens à venir; 3° cumulativement les biens présents et à venir; 4° enfin elles peuvent être faites sous des conditions potestatives de la part du donateur.

II. Effets des donations entre époux pendant le mariage. Du principe que ce sont des donations entre-vifs, on tire les conséquences suivantes :

1° Elles ont un effet rétroactif au jour où elles ont été faites. Inutile de dire que nous nous plaçons dans l'hypothèse d'une donation de biens présents;

2° Le donataire a la saisine au décès du donateur, il n'a pas besoin de faire une demande en délivrance;

3° En cas d'atteinte à la réserve, les donations entre époux seront réductibles, non comme testaments, mais comme donations. La réduction s'opérera donc d'abord sur les legs, et ensuite sur les donations postérieures (924).

4° Les créanciers du donateur ne peuvent pas valablement saisir les immeubles donnés, pourvu que le donataire ait eu soin de faire transcrire la donation.

5° Les donations entre époux pendant le mariage ne sont pas caduques par le prédécès du donataire. La caducité des donations de biens à venir ne peut faire aucun doute auprès de personne; mais quand il s'agit de biens présents, et c'est l'hypothèse où nous nous plaçons, il y a grande controverse, et notre opinion est vivement combattue. La doctrine presque tout entière prétend que la donation entre époux, quand elle a pour objet des biens présents, devient caduque par le prédécès du donataire; et d'un autre côté, la jurisprudence est unanime à repousser cette décision.

Voici le système de la doctrine. Son premier argument est tiré *a contrario* de l'art. 1092. Aux termes de cet article, toute donation de biens présents faite entre époux *par contrat de mariage* ne sera point censée faite sous la condition de survie du donataire. Donc, les mêmes donations *pendant le mariage* sont censées faites sous cette condition. On tire un deuxième argument de l'art. 1093, qui déclare caduques, par le prédécès du donataire, des donations *irrévocables* : *a fortiori*, dit-on, doit-il en être de même des donations pendant le mariage, qui sont essentiellement *révocables.* Enfin, un argument plus décisif encore, c'est celui tiré des art. 1086, 1089, 1092 et 1093 combinés. Lorsque dans une donation de biens présents faite entre époux par contrat de mariage, le donateur s'est réservé la faculté de disposer d'un objet compris dans la donation, la donation devient caduque, relativement à cet objet, par le prédécès du donataire. Par la même raison, les biens donnés pendant le mariage, quoique donnés comme biens présents, deviennent caducs par le prédécès du donataire, puisque le donateur pouvait toujours en disposer, pouvant toujours révoquer la donation.

Comme on le voit, ce système est rigoureusement exact pour les auteurs qui, comme Delvincourt, Toullier, Duranton, assimilent presque en tout les donations entre époux à des institutions d'héritier faites par testament. Nous avons suffisamment prouvé la fausseté de ce principe. Mais pour ceux qui, comme Marcadé, ne voient dans les donations entre époux que des donations entre-vifs ordinaires, ce système est plus difficile à soutenir. Voici leur argument : autrefois la donation entre époux pendant le mariage était prohibée par les coutumes, et permise dans les pays de droit écrit, mais *seulement sous la condition de survie du donataire.* Or, c'est le système des pays de droit écrit qu'ont adopté les rédacteurs du Code. Les travaux préparatoires ne nous montrant point qu'ils aient voulu changer ce droit, on doit l'accepter tout entier.

Malgré tous ces arguments, il nous est impossible de nous rendre au système de la doctrine, et nous nous rangeons du côté de la jurisprudence. Nous avons déjà dit que les donations entre époux n'étaient que des donations ordinaires; la non-caducité des donations de biens présents par le prédécès du donataire en est une conséquence forcée et nécessaire. Il est à regretter que Marcadé, qui admet comme nous que les donations entre époux sont des donations entre-vifs, n'ait pas suivi son système jusqu'au bout. Son argument historique tombe devant cette considération, que les législateurs de l'an XII n'ont pas eu pour but, dans nos art. 1096 et 1097, d'opter entre le droit écrit et le droit coutumier, mais bien de réformer la loi transitoire de l'an II, qui admettait l'irrévocabilité des donations entre époux pendant le mariage. N'ayant modifié le droit intermédiaire que sous le seul rapport de la révocabilité, ils ont dû laisser subsister les autres effets que ce droit avait attribués aux donations entre époux pendant le mariage. Quant aux autres arguments qui nous sont opposés, celui qu'on tire de l'art. 1089 a déjà été réfuté précédemment. Pour que celui tiré de l'art. 1092 fût vrai, il faudrait qu'il fût établi que les donations entre époux pendant le mariage sont de leur nature faites sous condition de survie, ce qu'il faut précisément prouver. L'argument n'est donc qu'une pétition de principes. Enfin, sur l'art. 1093, observons que ce n'est pas à cause de leur irrévocabilité que les donations de cet article deviennent caduques, mais bien à cause de leur qualité de donations de biens à venir.

6° La non-caducité des donations entre époux étant admise, l'on peut se demander si le donateur a le droit de révoquer la donation contre les héritiers du donataire. Il est évident qu'on doit répondre affirmativement.

Nous avons dit que la révocabilité était de l'essence des donations entre époux pendant le mariage. Le droit de révocation qui appartient à l'époux donateur est absolu, en ce sens qu'il ne peut valablement y renoncer dans l'acte constitutif de la donation. La donation pourra toujours être révoquée par la simple volonté du donateur. Comment cette révocation devra-t-elle s'accomplir? Il faut se reporter ici aux règles établies pour la révocation des testaments (1035-1038).

La révocation pourra être expresse; elle pourra aussi n'être que tacite. Mais il ne sera pas toujours facile de dire dans quel cas la révocation tacite aura lieu. Pour que la révocation ait lieu, il faut qu'elle résulte clairement du fait du donateur. Ainsi, l'établissement d'un usufruit ou d'une servitude sur les choses données ne révoque pas la donation. Mais que décider dans le cas de vente à réméré? En fait, il y a eu aliénation de la propriété; donc, la donation est révoquée.

On peut se demander encore quel est le sort de la donation lorsque le donateur a aliéné la chose donnée sous condition suspensive, ou bien encore lorsqu'il l'a hypothéquée. Dans aucun de ces cas, la donation ne sera révoquée; il ne résulte pas, en effet, de ces actes que le donateur ait voulu nécessairement aliéner la chose donnée.

La révocation aura lieu pour ingratitude et inexécution des charges; elle n'aura pas lieu pour survenance d'enfants. Nous nous en sommes expliqué déjà précédemment.

DEUXIÈME PARTIE.

DE LA QUOTITÉ DISPONIBLE ENTRE ÉPOUX.

(1094, 1098.)

La quotité disponible entre époux varie suivant que la donation est faite par un époux qui n'a pas d'enfants d'un précédent mariage, ou par un époux qui s'est remarié ayant des enfants d'un précédent mariage. Nous examinerons dans deux sections séparées ces deux espèces de quotités disponibles. Dans une dernière section, nous parlerons des règles qui leur sont communes.

SECTION I.

Quotité disponible entre époux sans enfants d'un précédent mariage.

(1094.)

Nous n'avons pas à distinguer ici si la donation a été faite avant ou pendant le mariage; l'art. 1094 commence par nous dire que, dans ces deux cas, la quotité disponible est la même.

Notre art. 1094 offre un champ libre à la sagacité des commentateurs; il abandonne à la controverse un grand nombre de questions très-importantes. Aussi, on a fait des volumes pour expliquer cet article, et néanmoins les dissidences existent encore. Les limites de ce travail ne nous permettant pas de signaler toutes ces controverses, nous aborderons seulement les points les plus saillants de la matière.

Trois cas peuvent se présenter :

I. Le donateur meurt sans postérité ni ascendant. Il peut alors donner tous ses biens à son conjoint.

II. Le donateur meurt sans enfants, laissant un ou plusieurs ascendants. Il pourra donner à son conjoint tout ce qu'il aurait pu donner à un étranger, et en outre l'usufruit de la réserve. Bigot de Préameneu justifie cette singulière décision, en disant que « tel est l'effet de l'union intime « des époux, que sans rompre les liens du sang, leur inquiétude et leur « affection se portent plutôt sur celui des deux qui survivra, que sur les « parents qui doivent lui succéder. » Quoi qu'il en soit, il est dérisoire de renvoyer les ascendants, pour la jouissance de leur réserve, à la mort de leurs gendres ou brus, qui ont de moins qu'eux l'âge d'une génération.

III. Le *de cujus* laisse des enfants issus de son mariage avec la personne à laquelle il a fait des libéralités. L'art. 1094 *in fine* décide que dans ce cas il *pourra donner à son conjoint ou un quart en propriété et un autre quart en usufruit, ou la moitié de ses biens en usufruit seulement.*

Cette dernière disposition de notre article est l'objet de la plus vive controverse. Voici pourquoi : l'art. 913 réglemente que le donateur pourra disposer de la moitié de ses biens s'il ne laisse à son décès qu'un enfant légitime ; du tiers, s'il laisse deux enfants ; du quart, s'il en laisse trois ou un plus grand nombre. On se demande maintenant si la quotité déterminée par notre art. 1094 *in fine* est la seule que l'époux puisse jamais donner, ou bien si elle forme avec la quotité ordinaire de l'art. 913 une alternative offerte au choix de cet époux.

Les plus savants interprètes sont divisés sur la solution de cette question. Des jurisconsultes éminents, Benech, Zachariæ, Valette, etc., soutiennent que notre art. 1094 est un article de faveur, qui, par conséquent, peut être négligé lorsque le droit commun est plus favorable que le droit spécial qu'il établit. Nous préférons le sentiment contraire, qui consiste à dire que le conjoint, en présence d'enfants, ne peut recevoir au-delà de ce qui est fixé par l'art 1094. Le disponible entre époux est tantôt plus fort, tantôt plus faible que le disponible ordinaire ; plus faible, s'il n'y a qu'un enfant ; plus fort, s''il y en a trois ou un plus grand nombre ; plus faible ou plus fort, suivant les circonstances de fait, s'il n'y en a que deux. En ce sens, Marcadé, Troplong, Dalloz.

Le système de Benech se fonde sur quelques arguments spécieux qu'il importe de détruire.

On argumente de l'art. 902, combiné avec l'art. 913 et notre art. 1094. Art. 902 : toute personne peut donner si elle n'en est déclarée incapable par la loi. Or, dit-on, aucun texte ne défend aux époux de se donner le disponible fixé par l'art. 913 : l'art. 1094, en effet, est facultatif; l'époux donateur *pourra donner.* Donc, etc. Cet argument est insignifiant pour deux raisons. D'abord, l'art. 902 traite uniquement de la capacité des personnes et non de la disponibilité des biens; et en second lieu, la question est précisément de savoir ce qu'a voulu dire le législateur par ces mots *pourra donner.*

Les arguments tirés de l'esprit de la loi et des travaux préparatoires du Code sont plus sérieux.

La qualité de conjoint ne peut pas, dit-on, être un obstacle aux libéralités que les époux veulent se faire ; elle ne devrait servir, au contraire, qu'à les rendre plus faciles. Les rédacteurs du Code l'ont bien compris, et toutes les dispositions de notre chapitre IX sont des règles de faveur qui attestent les avantages que la loi attache à la qualité d'époux. Comment comprendre, dès lors, qu'un conjoint dût recevoir moins qu'un étranger? A cela, nous répondons qu'il n'est pas vrai que la loi traite toujours plus favorablement le conjoint que l'étranger. Dans notre matière même, l'article 1098 offre un exemple du contraire. Les époux sont tellement enclins à se faire des libéralités, que le législateur a dû limiter ces libéralités : « *Lex arctius prohibet quod facilius fieri putat.* » Observons en outre que l'art. 1094 ne traite pas seulement une question de disponibilité. La loi devait naturellement se préoccuper des besoins de l'époux donataire, et mettre l'autre époux à même de lui assurer une position convenable. Ici, on le comprend, le nombre d'enfants n'a rien à faire. Ne voit-on pas même qu'il serait dangereux d'intéresser l'époux donataire à ne pas avoir d'enfants, et que la morale publique recevrait une grave atteinte si la loi assurait des avantages pécuniaires à ceux qui n'auront qu'une famille peu nombreuse?

Reste enfin l'argument le plus fort, celui que Benech a puisé dans les travaux préparatoires du Code. Dans le premier projet de loi, celui qui fut présenté en l'an VIII par Jacqueminot, il y avait entre les articles sur le disponible, c'est-à-dire entre les art. 16 et 151 (devenus les art. 913-916 et 1094 du Code), une harmonie parfaite. D'après l'art. 16, le disponible ordinaire était du quart des biens si le disposant laissait des descendants, sans aucune considération de leur nombre; et l'art. 151 (1094) venait dire que l'époux, dans le même cas, pourrait donner le même quart, plus un quart d'usufruit. Notre article se résumait donc à dire qu'entre époux le disponible ordinaire serait étendu, qu'on y pourrait ajouter un quart en usufruit. Or, l'art. 16 du projet Jaqueminot a été modifié dans le sens de l'augmentation du disponible ordinaire, tandis que l'art. 151 est toujours resté le même. Donc, dit Benech, puisque les rédacteurs du Code voulaient que l'époux eût plus qu'un étranger, ils ont entendu faire profiter cet époux des augmentations qu'ils ont apportées plus tard au disponible ordinaire.

Le raisonnement est spécieux, mais il n'est pas exact. Il est faux de dire, en principe, que les rédacteurs du Code voulaient donner à l'époux plus qu'à l'étranger. Ils voulaient seulement lui donner plus qu'on ne donnait *actuellement* aux étrangers (Marc.). En effet, de ce que l'époux pouvait avoir plus que l'étranger au moment où le premier projet fut discuté, il ne s'ensuit nullement que le législateur ait entendu qu'il en dût être de même, quels que fussent les changements ultérieurs et quelque augmentation que pût recevoir la disponibilité envers les étrangers.

D'ailleurs, ce qui s'est passé au Tribunat et au Conseil d'État prouve jusqu'à l'évidence que si la quotité disponible a été augmentée en ce qui touche les étrangers, et rendue variable suivant le nombre des légitimaires, elle n'a du moins jamais été modifiée par rapport à l'époux. Le Tribunat, lors de la communication officieuse qui lui fut faite de notre titre, proposa le changement du deuxième alinéa de l'art. 1094 : « Il lui semblait juste qu'un époux pût donner à l'autre autant qu'il pourrait donner à un étranger. » (Fenet, t. XII, p. 469.) Mais le Conseil d'État ne prit pas en considération la proposition du Tribunat; la rédaction nouvelle fut repoussée, et la première maintenue. La question a donc été soulevée et tranchée d'une manière définitive. A son tour, Bigot de Préameneu s'exprimait ainsi au Conseil d'État : « *Si l'époux laisse des enfants, il* NE POURRA *être auto-* « *risé à laisser à l'autre époux qu'une partie de sa fortune, et cette quotité* « *est fixée à un quart de tous les biens en propriété, et un autre quart en* « *usufruit, ou la moitié de la totalité en usufruit.* »

Une dernière objection est tirée d'une observation faite par Berlier, lors de la discussion de l'art. 1098 au Conseil d'État. Cet article permettait de disposer, au profit d'un nouveau conjoint, d'une part d'enfant légitime le moins prenant. Berlier proposa de modifier cette règle par l'addition de ces mots : « *Sans que ces donations puissent jamais excéder le quart;* » et voici la raison qu'il en donne : « S'il n'y avait qu'un enfant ou deux du premier « *mariage, et point du second,* le nouvel époux pourrait, en partageant avec

« eux, avoir la moitié ou le tiers de la succession. » L'amendement de
Berlier fut adopté. Benech, s'emparant de ces paroles, en conclut que la
proposition Berlier présupposait que l'art. 1094 ne prohibe pas la disposition d'un tiers ou de moitié, puisqu'elle a pour objet d'enlever au conjoint
binube la faculté de faire une telle disposition. Le vice de ce raisonnement
vient de ce que Benech fait une confusion fâcheuse entre les art. 1094 et
1098. L'art. 1094 prévoit uniquement le cas de concours entre un conjoint
et ses enfants ; l'art. 1098 prévoit et règle le concours entre un époux et
les enfants d'un premier lit de l'autre époux. Il s'ensuit qu'en présence de
l'art. 1094 seul on pouvait très-bien donner à un second conjoint la moitié
ou le tiers de ses biens, selon qu'on avait un enfant ou deux d'un premier
lit. C'est uniquement pour remédier à cet inconvénient qu'a été fait l'amendement Berlier, et, par suite, cet amendement est parfaitement étranger à
notre question. Bien plus, Berlier, en ayant soin de se placer dans l'hypothèse où il n'y aurait pas d'enfants issus du second mariage, ne semble-t-il
pas dire que, s'il y avait des enfants communs, le donateur ne pourrait jamais disposer de la moitié ou du tiers de ses biens? L'amendement Berlier,
bien loin de nuire à notre système, lui prêterait donc un nouvel appui.

Il est donc constant que l'époux, dans le cas prévu, peut donner à son
conjoint ou un quart en propriété et un autre quart en usufruit, ou la
moitié de ses biens en usufruit seulement, mais jamais davantage. L'article 913 ne peut jamais se combiner avec l'art. 1094.

Les trois espèces prévues par notre art. 1094 sont parcourues ; il nous
reste à examiner, parmi les questions qui s'y rattachent, les plus importantes.

I. Comment comprendre l'alternative posée dans notre article? L'époux
peut donner à son conjoint un quart en propriété et un autre quart en
usufruit ; ou bien, ajoute-t-il, s'il le préfère, il pourra lui donner la moitié
en usufruit seulement. Mais cela n'était-il pas évident? Qui peut le plus
peut le moins, et celui qui peut donner la moitié en usufruit avec un quart
de nue-propriété peut *a fortiori* donner la moitié en usufruit.

C'est au projet Jacqueminot qu'il faut demander l'explication de cette
bizarre disposition de la loi. L'art. 17 de ce projet portait que le disponible
en usufruit serait le même que le disponible en pleine propriété. Notre
art. 1094 était donc dans ce projet parfaitement exact. L'époux pouvait
donner à son conjoint, comme à tout autre, un quart en propriété ou en usufruit (le projet ne faisait pas de différence) ; et, en outre, le donataire, en

sa qualité d'époux, pouvait être gratifié en plus d'un quart en usufruit. L'art. 917 est venu changer ce système relativement au disponible ordinaire, tandis que notre article n'a jamais reçu de modifications. En présence de ces faits, peut-on, comme le soutient Benech, faire jouir l'époux donataire du bénéfice de l'art. 917? Cette question rentre dans la précédente, où nous avons prouvé l'erreur de Benech. Nous disons donc que l'époux qui aura reçu une libéralité excessive en usufruit sera tenu d'en subir la réduction et de s'en tenir à un usufruit de moitié.

II. Questions d'interprétation. Si un époux donne à son conjoint *tout ce dont la loi lui permet de disposer,* il est évident que l'époux donataire aura droit à recevoir le plus fort disponible, c'est-à-dire un quart en pleine propriété et un quart en usufruit.

Si le conjoint a disposé dans les termes de l'art. 1094, et a dit : « *Je « donne à mon conjoint le quart de mes biens en propriété et un quart en « usufruit, ou la moitié en usufruit,* » à qui appartiendra le choix? Coin-Delisle prétend que les tribunaux devront décider en fait, suivant les circonstances. Nous croyons plutôt, avec Duranton, que l'on doit appliquer ici l'art. 1190, qui décide qu'en matière d'obligation alternative le choix appartient au débiteur lorsqu'il n'a pas été accordé expressément au créancier. Le choix appartiendra donc, dans notre espèce, aux héritiers du disposant.

III. L'époux donataire d'un usufruit portant sur la réserve des héritiers peut-il être valablement dispensé par le donateur de fournir caution? La question est controversée. Nous croyons devoir adopter la négative, car dispenser le donataire de fournir caution, ce serait exposer à une ruine partielle ou même totale la nue-propriété des biens.

SECTION II.

De la quotité disponible quand le donateur a des enfants d'un précédent mariage.

(1098.)

Art. 1098. « L'homme ou la femme qui, ayant des enfants d'un autre lit, contractera un second ou subséquent mariage, ne pourra donner à son nouvel époux qu'une part d'enfant légitime le moins prenant, et sans que, dans aucun cas, ces donations puissent excéder le quart des biens. »

Cet art. 1098 est le seul que nous ayons sur la matière qui nous occupe.

Nous essaierons de grouper les questions qui s'y rattachent sous les quatre chefs suivants : 1° dans quels cas l'art. 1098 est applicable; 2° taux de la quotité disponible de l'art. 1098; 3° quels avantages sont sujets à réduction; 4° à qui profite et qui peut demander la réduction.

I. *Dans quels cas l'art. 1098 est applicable.* — Sa disposition s'applique au cas où l'époux binube a des enfants d'un précédent mariage; elle s'applique également au cas où il a des petits-enfants issus de ses enfants d'un précédent mariage, car, en droit, les petits-enfants sont compris sous le terme d'enfants. Les petits-enfants, en concours avec des enfants, représenteront naturellement leurs parents prédécédés; mais *quid* si le disposant n'a laissé que des petits-enfants? s'il a laissé quatre petits-enfants d'un fils unique prédécédé? On sait que dans ce cas les petits-enfants viennent à la succession non par représentation, mais de leur chef (art. 914). Cette circonstance modifiera-t-elle le droit de l'époux donataire? Ainsi, dans notre espèce, l'époux qui, en présence d'un fils unique, aurait eu droit au quart des biens, devra-t-il, en présence de quatre petits-enfants, se contenter d'un cinquième? Nous ne le croyons pas. Aux termes de notre article, le conjoint donataire a droit à une *part d'enfant*, et non à une *part de petit-enfant;* et d'ailleurs, la mort de l'enfant n'a pas pu diminuer le droit du conjoint.

Ce n'est qu'au décès du disposant qu'on sait ce qu'il a pu donner. Par conséquent, les enfants morts avant lui ne comptent pas pour déterminer le disponible de l'art. 1098. Nous croyons qu'on ne devrait pas compter davantage ceux qui sont écartés de la succession comme indignes, ni même ceux qui renoncent; c'est une conséquence du principe qu'il faut être héritier pour avoir droit à la réserve. Cette opinion n'est pas universellement admise. On se base, dans le système contraire, sur ce que, sous l'empire de l'*Edit des Secondes Noces,* les renonçants avaient droit à la réserve. Nous répondons que l'*Edit des Secondes Noces* ne peut plus recevoir aujourd'hui d'application. Cet édit ne faisait qu'étendre à tous les pays de Coutume les règles de la loi *Hac Edictali,* qui, d'après les principes du droit romain, décidait que le renonçant aurait droit à la réserve non comme héritier, mais en sa qualité même d'enfant. Or, on sait que le Code a aboli ce principe du droit romain; chez nous, pour avoir droit à la réserve, il faut être héritier. *Apud nos non habet legitimam nisi qui hæres est.*

Nous observerons enfin avec Toullier que l'art. 1098 s'appliquerait au cas où les petits-enfants naîtraient depuis le nouveau mariage; par exemple, si le donateur avait une bru enceinte d'un posthume qui naîtrait depuis la donation : *infans conceptus pro nato habetur, quoties de commodis ejus agitur*.

II. *Taux de la quotité disponible de l'art.* 1098. — Elle est fixée à une part d'enfant, le moins prenant, pourvu que la donation ne dépasse pas d'ailleurs le quart des biens. Ainsi, le conjoint sera compté pour un enfant de plus; il recevra par conséquent un cinquième des biens avec quatre enfants, un sixième avec cinq, etc. Que s'il y a des enfants avantagés, l'époux n'aura jamais plus que l'enfant qui a le moins, et encore faudra-t-il que cet enfant n'ait pas plus que le quart des biens de son auteur.

Remarquons ici que la part du conjoint se détermine non-seulement sur tous les biens laissés par le *de cujus,* mais encore sur tous les biens sujets à rapport. Il ne pourra demander le rapport ni en profiter (857); mais il pourra argumenter de ce rapport pour calculer son quart.

On convient que la donation d'une part d'enfant, en termes généraux, s'accroîtrait par la mort de l'un ou de plusieurs des enfants. Si tous les enfants prédécédaient, le conjoint aurait droit au disponible le plus élevé, c'est-à-dire au quart des biens. Si, enfin, le disposant avait donné tout ce que la loi permet de donner, le prédécès de tous les enfants empêcherait la réduction de la donation. Au surplus, dans toutes ces espèces, les tribunaux auront à rechercher l'intention du disposant plutôt que les paroles dont il s'est servi.

Que décider maintenant quand il y a plusieurs convols successifs de l'époux ayant des enfants du premier lit? Il y a diversité d'opinion chez les auteurs sur la solution de cette question. Duranton (t. IX, n° 804) pense que cet époux peut disposer successivement, en faveur de chaque nouveau conjoint, d'une part d'enfant le moins prenant, pourvu que ces donations cumulées ne dépassent pas le disponible ordinaire fixé par les art. 913 et suivants. D'autres auteurs, Bugnet entre autres (Bug. sur Poth., t. VI, p. 248), permettent des donations successives jusqu'à concurrence du quart des biens.

Ces deux systèmes sont inexacts : ils s'appuient l'un et l'autre sur des arguments de texte qui sont sans force. Nous adoptons plus volontiers un troisième système, qui d'ailleurs est celui de la majorité des auteurs, et nous disons que tous les conjoints successifs ne peuvent jamais recevoir au-delà d'une part d'enfant. Ce système était suivi dans l'ancien droit; il était expressément écrit dans l'Édit des Secondes Noces, et tout porte à croire que les rédacteurs du Code ont voulu conserver cette ancienne jurisprudence. Bigot de Préameneu l'a dit expressément au Corps-Législatif : « Le Code a maintenu cette sage disposition. »

III. *Quels avantages sont sujets à réduction.* — La prohibition de l'art. 1098 embrasse toute disposition entre époux par donation entre-vifs ou testamentaire, soit qu'elle ait été faite pendant le mariage, soit qu'elle ait été faite par contrat de mariage, ou même auparavant. Mais dans ce dernier cas, pour que la donation tombe sous l'application de l'art. 1098, il faut qu'elle ait été faite en vue du mariage. Ce sera le plus souvent une question de fait très-douteuse. Les tribunaux auront à décider suivant les circonstances.

Toute libéralité excédant la quotité permise devra être réduite. Coin-Delisle pense au contraire que la donation devrait être nulle comme faite à un incapable. Son erreur vient de ce qu'il a vu un statut personnel dans l'art. 1098. Rien de plus faux : notre article, abstraction faite de sa tournure de phrase dont il ne faut tenir aucun compte, règle une question de disponibilité. C'est donc un statut réel. Il s'ensuit que les libéralités excessives sont, non pas nulles, mais simplement réductibles.

Mais le Code ne défend pas seulement toutes libéralités excessives, il défend aussi les conventions qui tendraient à donner indirectement au nouvel époux au-dessus d'une part d'enfant. En conséquence, les conventions matrimoniales qui contiennent un avantage plus fort qu'une part d'enfant sont réductibles, lorsque le conjoint qui a perdu au contrat avait des enfants d'un premier lit. Ce principe est écrit dans l'art. 1527-3°. « *Dans le cas où il y aurait des enfants d'un précédent mariage, toute convention qui tendrait dans ses effets à donner à l'un des époux au-delà de la portion réglée par l'art 1098, sera sans effet pour l'excédant de cette portion.* »

Il faut donc rendre les décisions suivantes :

1° Le préciput stipulé en faveur du survivant des deux époux ne pourra jamais excéder une part d'enfant. Quant aux habits de deuil, on convient généralement qu'ils n'entrent pas dans la classe des libéralités indirectes.

2° L'établissement de la communauté contient un avantage indirect au profit de l'un des époux, si les apports sont inégaux. On conçoit qu'il est souvent difficile de régler ces apports. C'est pourquoi Toullier (t. V., n° 893) conseille aux époux, pour prévenir toute contestation, de constater leurs apports respectifs dans leur contrat de mariage. Ce sera d'ailleurs une question de fait que de savoir si l'inégalité des apports peut être compensée par l'industrie de l'autre époux. Il ne faudra pas oublier non plus que, les revenus étant destinés à l'entretien du ménage, leur inégalité ne peut jamais former un avantage indirect. (1527, *in fine*.)

3° En cas d'omission de stipuler que le mobilier qui adviendra à chaque époux lui demeurera propre, la moitié des successions mobilières qui appartient, dans ce cas, au nouvel époux, forme-t-elle un avantage passible de l'application de l'art. 1098? Les anciens auteurs, et même quelques commentateurs du Code, répondent négativement, sur cette considération que les successions futures sont toujours incertaines, et peuvent n'être pas lucratives. L'opinion contraire nous semble préférable; à notre sens, il est impossible de ne pas l'adopter en présence de l'art. 1496, qui attribue aux enfants du premier lit l'action en retranchement *lorsque la confusion du mobilier opère* au profit de l'un des époux *un avantage supérieur* à celui qu'autorise l'art. 1098.

Si le nouvel époux se réservait les successions ou donations futures, tandis que l'époux binube ayant des enfants s'abstiendrait de faire la même stipulation, on devrait y voir un avantage indirect.

4° Enfin, les stipulations de communauté universelle, d'ameublissement, d'immeubles présents ou futurs, peuvent prendre le caractère de libéralités sujettes à réduction.

IV. *A qui profite et qui peut demander la réduction.* — Aux termes de notre article et de plusieurs autres articles du Code, la réduction n'est admise qu'en faveur des enfants du premier lit; mais l'effet de la réduction étant de faire rentrer les biens dans la succession, il faut appliquer ici l'article 745, qui décide que les enfants succèdent également à leurs père et mère, encore qu'ils soient nés de différents mariages. Les enfants du second lit profiteront donc de la réduction comme ceux du premier. Peuvent-ils la demander de leur propre chef, si les enfants du premier lit négligent d'exercer leur action ou s'ils y renoncent? Un grand nombre d'auteurs soutiennent l'affirmative, mais nous croyons leur opinion erronée. On ne peut exercer que les droits que l'on a personnellement; or, les enfants du second lit n'ont aucun droit aux biens réductibles tant que la réduction n'a pas été effectuée. D'ailleurs, l'art. 1496 dit positivement que l'action en réduction n'appartiendra qu'aux enfants du premier lit. Quant au mode de réduction, nous allons en parler dans la section suivante.

SECTION III.

Règles communes aux deux disponibles.

(1099—1100.)

§ 1er. — Donations indirectes, déguisées ou faites à des personnes interposées.

Nous venons de voir, en étudiant les art. 1094 et 1098, que le législateur, redoutant l'influence des époux l'un sur l'autre, a posé des bornes aux libéralités qu'ils peuvent se faire. Les art. 1099 et 1100 contiennent la sanction de ces dispositions de la loi.

Nous disons donc que les art. 1099 et 1100 s'appliquent tout aussi bien à l'art. 1094 qu'à l'art. 1098. Suivant quelques personnes pourtant, ces articles ne concerneraient que les époux binubes. Cette interprétation nous semble inadmissible en présence du texte de l'art. 1099 : « Les époux ne pourront se donner indirectement au-delà de ce qui leur est permis par *les dispositions ci-dessus*. Apparemment que par ces expressions le législateur a voulu parler, non-seulement des dispositions de l'article précédent (1098), mais encore de celles des articles ci-dessus, art. 1094 et 1096.

L'art. 1099 renferme une double sanction : dans sa première disposition, il prononce la *réduction* des libéralités indirectes ; dans la seconde, il prononce la *nullité* des donations déguisées ou faites à des personnes interposées. Tel est du moins le sens qui résulte des termes de la loi.

Mais tout le monde n'en convient pas encore. (Chaque question, pour ainsi dire, est controversée dans notre matière.) Suivant certains auteurs (Coin-Delisle, Duranton, Valette), la loi ne dit pas ce qu'elle semble dire : il faut s'attacher à son esprit plutôt qu'à son texte. Or, les donations déguisées ou interposées sont des donations indirectes ; elles tombent donc sous l'application du premier alinéa de notre article ; et si le deuxième alinéa les déclare nulles, ce n'est que pour ce qui dépasse le disponible. Ces auteurs tirent un argument d'analogie de l'art. 911, qui déclare nulle une libéralité simplement réductible.

On répond dans le système admis par nous qu'il y a une différence véritable et facile à comprendre entre les libéralités indirectes et celles qui sont déguisées ou faites à des personnes interposées : ces dernières ont, en effet, un caractère qui les sépare profondément des autres ;

elles sont toujours le résultat de la fraude, et, à ce titre, méritent toute la sévérité du législateur. Ainsi, dans les cas de l'art. 1595, si je vends 80,000 fr. à mon conjoint un immeuble valant 100,000 fr., je lui fais une libéralité indirecte et comme telle réductible à la limite du disponible. Si, au contraire, déclarant lui vendre cet immeuble, je le lui donne, la loi ne voit dans ce cas qu'une convention frauduleuse, une donation déguisée sous la forme d'un contrat à titre onéreux, et comme telle *nulle* pour le tout, aux termes du deuxième alinéa de notre article. De telles fraudes, si elles avaient été permises, seraient devenues très-fréquentes entre époux, et c'est pour cela que la loi s'est montrée plus sévère : *Lex arctius prohibet quod facilius fieri putat.* L'argument tiré de l'art. 911 est loin d'être décisif. Cet article vise une question de capacité. La donation faite très-valablement par le disposant devient nulle, en ce sens que le donataire est *incapable* de recevoir au-delà d'une certaine limite, mais elle reste valable dans cette limite. Donc, dit-on, la loi appelle quelquefois nulle une libéralité simplement réductible. Ce raisonnement pèche par sa base ; l'analogie que l'on y veut voir entre les art. 911 et 1099 n'existe pas. Dans le cas de notre article, le donataire ne peut rien recevoir, non pas à cause d'une incapacité plus ou moins grande, mais à cause de sa qualité d'époux, qualité qui n'est susceptible ni de plus ni de moins. Il est donc toujours incapable. Ce qui doit, au surplus, lever tous les doutes, ce sont les paroles que prononça Joubert dans son rapport au Tribunat sur l'art. 1100 : « Dans le cas de libéralités faites à des personnes interposées, la donation *sera nulle* par l'effet de la présomption légale seule. (Locré, t. IX, p. 496, n° 98).

Maintenant, comment reconnaîtra-t-on les libéralités faites à des personnes interposées? La loi indique elle-même certaines personnes contre lesquelles il y aura présomption d'interposition. Ce sont les enfants de l'époux donataire, issus d'un précédent mariage, et tous les parents dont il se trouve être l'héritier présomptif au moment de la donation (1100). Les termes de notre article, en parlant des enfants d'un premier lit, montrent clairement que les enfants communs ne sont pas sous le coup de la même présomption, et cela est très-rationnel : « *Ut det mater filio, affectio materna facit ; ut privigno donet noverca, maritalis affectio facit, non novercalis.* » (Cujas, sur la loi *Hac Edictali.*) Mais de ce que certaines personnes sont frappées d'une présomption légale d'interposition par l'art. 1100, il ne s'ensuit pas que les autres preuves de l'interposition soient exclues à l'égard de ceux qui ne sont pas nominativement désignés.

Les héritiers réservataires pourront donc prouver l'interposition de personnes autres que celles désignées dans l'art. 1100. Tous les moyens de preuve leur sont ouverts pour cela; mais ils devront exercer l'action en nullité qui leur compète, dans le délai de dix ans à partir du jour de l'ouverture de la succession (1304).

§ II. — Concours du disponible ordinaire avec le disponible entre époux.

Nous n'avons pas à nous occuper ici de la réduction des libéralités entre époux, dans le cas où le conjoint donataire se trouve en concours avec des ascendants et des enfants légitimes. L'étude que nous avons faite des articles 1094 et 1098 a montré suffisamment la solution qu'il faut donner dans ces différentes espèces.

Mais quand il s'agit de régler le concours du disponible ordinaire (913—916) avec le disponible spécial aux époux (1094, 1098), le texte fait défaut : aussi cette matière soulève-t-elle de nombreuses difficultés.

Disons d'abord que les deux disponibles ne peuvent pas être cumulés. Le système contraire conduirait à des conséquences inadmissibles. Qu'on suppose, en effet, un enfant commun; le disposant pourra donner à un étranger la moitié de son patrimoine (913), et à son conjoint un quart en propriété, plus un quart en usufruit (1094); la réserve de l'enfant serait donc un quart en nue-propriété; dans certains cas même, il pourrait n'en avoir aucune.

Les résultats de ce système en font voir l'impossibilité; aussi reconnaît-on que l'ensemble des libéralités ne doit jamais dépasser le plus élevé des deux disponibles. Ce principe est admis sans contestation par tous les auteurs. Mais pourra-t-on toujours atteindre le chiffre du disponible le plus élevé, sans distinction de circonstances? Cette question soulève plus de difficultés que la précédente et donne lieu à de grandes divergences d'opinions.

Distinguons d'abord entre les donations simultanées et les donations successives.

Pour ce qui regarde les premières, tout le monde est d'accord, et l'on convient que le chiffre du disponible le plus élevé devra toujours être atteint. Si donc un époux donne en même temps, soit par donation entre-vifs, soit par testament, à son conjoint et à un tiers, on prendra sur le disponible ordinaire les libéralités faites aux étrangers ; et en cas d'insuffisance, les libéralités faites au conjoint se prendront sur le disponible spécial quand il sera plus élevé que le disponible ordinaire. Mais il ne sera pas toujours facile de dire où est le disponible le plus fort. Qu'on suppose en effet le disposant mort, laissant deux enfants : il aura pu laisser un tiers de sa fortune à un étranger (913), et donner à son conjoint la moitié en usufruit (1094). Lequel de ces deux disponibles est le plus fort? Le Code ne s'expliquant pas sur cette question, il est difficile d'y répondre exactement. Plusieurs interprètes, et la Cour suprême avec eux, se fondant sur une loi fiscale du 22 frimaire an VII, pensent que l'usufruit doit être évalué à la moitié de la pleine propriété. Telle n'est pas notre opinion. Nous croyons qu'en règle générale on ne devra convertir l'usufruit en propriété que lorsqu'il sera impossible d'opérer autrement, et dans ce cas, les tribunaux devront évaluer l'usufruit d'après les circonstances de fait, l'âge, la santé et les charges de l'usufruitier.

Si maintenant nous nous plaçons dans l'hypothèse de donations successives, nous aurons deux cas à considérer : 1° L'étranger a été gratifié avant l'époux ; 2° l'époux a été gratifié avant l'étranger.

I. *L'étranger a été gratifié avant l'époux.* — Si les deux libéralités dépassent le disponible ordinaire de 913, on pourra parfaire la libéralité faite au conjoint avec le disponible de 1094.

II. *L'époux a été gratifié avant l'étranger.* — L'époux qui a fait une première libéralité à son conjoint peut-il ensuite donner à un étranger jusqu'à concurrence du disponible de l'art 1094? Nous croyons qu'il faut répondre négativement, en principe. Toutefois, cette question est une des plus délicates et des plus controversées de la matière.

Plusieurs jurisconsultes enseignent que la libéralité faite à l'étranger sera valable dans les limites de l'art. 1094. Suivant eux, l'ordre des dates n'a rien à faire dans une question de disponibilité : et en second lieu, la libéralité faite à l'époux doit s'imputer naturellement sur le disponible de 1094, et laisser libre le disponible de 913.

Ces deux arguments, nous les trouvons inexacts. L'art. 923 nous prouve que quand il s'agit de quotité disponible et de réduction, la puissance des dates est souveraine, puisque les libéralités se réduisent par ordre de dates. Enfin, quand l'objet de la donation peut tout aussi bien se prendre sur le disponible du chapitre III que sur celui de notre chapitre IX, nous croyons qu'il faut l'imputer sur le premier. En effet, le disponible spécial de 1094 est établi en faveur de l'époux uniquement. Or, dans notre espèce, ce serait l'étranger qui en profiterait, puisque, comme le fait observer Marcadé, si l'art. 1094 n'existait pas, la seconde donation serait impossible.

Admettons toutefois un tempérament à notre règle. Lorsque la libéralité faite au conjoint n'a pu se faire valablement que d'après les dispositions spéciales de 1094, on devra d'abord imputer la libéralité sur ce disponible avant de toucher aux art. 913 et suiv. Ainsi, un époux qui a trois enfants a donné à son conjoint la moitié de ses biens en usufruit, il pourra donner à un étranger un quart de nue-propriété.

Lorsqu'il y a lieu à réduction, comment opérer?

Nous n'avons point ici à nous occuper du cas où l'époux est seul donataire, ni de celui où les libéralités sont successives. On suit le droit commun tracé dans les art. 920-930.

Mais la difficulté devient très-sérieuse lorsque, les deux disponibles étant différents et le disponible le plus fort étant dépassé, les libéralités faites au conjoint et aux tiers ont la même date. Comment opérer la réduction?

Trois systèmes ont été proposés, auxquels Toullier, Delvincourt et Marcadé ont attaché leur nom.

Toullier veut qu'on applique purement et simplement l'art. 926 : en conséquence, la réduction devrait se faire au marc le franc, d'après le disponible le plus fort. Ce système est inadmissible, car il fait profiter du plus fort disponible celui qui n'a droit qu'au plus faible.

Delvincourt enseigne « qu'il faut regarder les deux donataires comme concourant entre eux jusqu'à concurrence de la quotité disponible qui leur est commune, et que le surplus appartient à celui en faveur duquel la plus grande disponibilité est établie. » Ce système pèche par un excès contraire à celui de Toullier : il donne trop peu au donataire de la petite quotité. On ne peut réduire d'après un seul disponible quand la loi en pose deux.

Marcadé a mieux compris la question. Comme Delvincourt, il veut que la réduction se fasse d'après le disponible le plus faible, mais il veut de plus qu'on imprime momentanément aux libéralités qui ont droit au disponible le plus fort une diminution proportionnelle à celle que l'on donne à leur disponible; puis, la réduction effectuée sur cette base, on complète la part du donataire le plus favorisé en lui attribuant ce qu'il peut seul recevoir.

Supposons un père ayant un enfant, et 100,000 fr. de fortune ; il a donné 40,000 fr. à sa seconde femme, et 60,000 fr. à un étranger. Le disponible est de 25,000 fr. pour la femme, et de 50,000 fr. pour l'étranger.

D'après Toullier, on donnera 20,000 fr. à la femme, et 30,000 fr. à l'étranger.

D'après Delvincourt, on donnera 10,000 fr. à la femme, et 40,000 fr. à l'étranger.

D'après Marcadé, on donnera 14,285 fr. 75 à la femme, et 35,714, fr. 25 à l'étranger.

POSITIONS

Droit Civil.

1. Le mariage contracté par un Français à l'étranger selon les formes usitées dans le pays, mais sans la formalité des publications prescrites par l'art. 170, est-il frappé de nullité? Oui.

2. Un mariage putatif peut-il avoir pour effet de légitimer les enfants naturels que les époux ont eu d'un commerce antérieur et qu'ils ont reconnus? Oui.

3. En déclarant que les grosses réparations demeurent à la charge du propriétaire, la loi a-t-elle entendu dire qu'il est obligé de les faire, qu'il peut y être contraint par la poursuite de l'usufruitier? Non.

4. Le conjoint, en présence d'enfants, peut-il recevoir au-delà de ce qui est fixé par le deuxième alinéa de l'art. 1094? Non.

5° La donation entre époux, pendant le mariage, quand elle a pour objet des biens présents, devient-elle caduque par le prédécès du donataire? Non.

6. La dot mobilière est-elle aliénable? Oui.

7. Le mineur émancipé peut-il valablement hypothéquer ses biens pour la sûreté des obligations qu'il est capable de contracter? Non.

DROIT ADMINISTRATIF.

Des principes constitutifs de la juridiction et de la compétence administratives.

Nous trouvons le principe de l'administration contentieuse dans la loi des 16-24 août 1789. Cette loi célèbre prononça la séparation des pouvoirs. Depuis cette époque, le pouvoir administratif et le pouvoir judiciaire sont complètement séparés, complètement indépendants l'un de l'autre.

Cette séparation des pouvoirs administratif et judiciaire nécessitait l'institution de la justice administrative; mais l'Assemblée Constituante n'eut pas le temps d'élaborer ce grand ouvrage. Ce ne fut que postérieurement, par les lois du 22 frimaire, du 5 nivôse et du 28 pluviôse an VIII, que la justice administrative fut organisée en France.

Qu'est-ce que la justice administrative? Quelle est sa juridiction? Quelle est sa compétence? Ce sont autant de questions que nous devons examiner avec soin.

CHAPITRE I.

DE LA JURIDICTION.

La juridiction, a dit Boncenne, est le pouvoir du juge; la compétence est la mesure de ce pouvoir. Cette notion de la juridiction et de la compétence nous indique dans quel ordre il faut les étudier.

Elle nous permet, en même temps, de donner une définition précise de la juridiction administrative; c'est le pouvoir des juges administratifs.

Sous le point de vue le plus large, la juridiction administrative peut se diviser en juridiction gracieuse et juridiction contentieuse, suivant qu'elle apprécie des intérêts ou qu'elle discute des droits. La juridiction gracieuse est dévolue aux administrateurs eux-mêmes. La juridiction contentieuse appartient bien aussi quelquefois aux administrateurs, mais le plus souvent elle appartient à des conseils institués dans le but de rendre la justice administrative.

Ces conseils spéciaux, ces autorités collectives ou individuelles, que les lois ont chargé de statuer sur le contentieux de l'administration, portent le nom de *tribunaux administratifs*. Les uns connaissent de matières très-nombreuses et très-variées ; ce sont les tribunaux administratifs généraux. Les autres ne connaissent que d'un nombre déterminé de matières ; ce sont les tribunaux administratifs spéciaux.

Comme on le voit, la juridiction administrative contentieuse présente une organisation complète, et exerce des attributions qui lui sont exclusivement propres. Il ne faut donc pas dire que c'est une juridiction extraordinaire. Cela est vrai relativement à la justice civile ; mais la justice civile n'est pas toute la justice ; elle n'a rien à voir dans la sphère de la justice administrative, qui se suffit à elle-même et en est complètement indépendante.

La justice administrative doit donc être considérée en elle-même. Elle se divise en juridiction ordinaire et juridiction extraordinaire.

I. *Juridiction ordinaire.* — Il y a une juridiction ordinaire du premier degré, et une juridiction ordinaire du second degré :

1° La juridiction ordinaire du premier degré est celle des Conseils de préfecture, qui sont composés de trois, quatre ou cinq membres, selon l'importance des départements. Les Conseils de préfecture ont le pouvoir de juger en matière administrative un très-grand nombre de contestations. Leurs arrêtés emportent hypothèque comme de véritables jugements (loi du 29 flor. an X, art. 4), et sont exécutoires par provision ;

2° La juridiction ordinaire du second degré est celle du Conseil d'Etat. On peut en appeler au Conseil d'Etat des arrêtés rendus par les Conseils de préfecture ; mais le recours doit être légalement formé. Il ne peut se fonder que sur les trois circonstances suivantes : 1° incompétence ou excès de pouvoir ; 2° nullités de forme ; 3° mal jugé.

II. *Juridiction extraordinaire.* — Elle se divise en juridiction de premier degré seulement, et juridiction de premier et dernier ressort.

1° La juridiction extraordinaire de premier degré comprend la juridiction des préfets, celle des ministres et celle du conseil de l'instruction publique. On peut appeler au Conseil d'État des décisions rendues par les préfets, ministres, conseil d'instruction publique, lorsqu'ils prononcent comme juges extraordinaires du premier degré.

2° La juridiction extraordinaire de premier et dernier ressort comprend la juridiction des Conseils de révision et de la Cour des Comptes.

Les Conseils de révision forment, en matière de recrutement militaire, une juridiction spéciale qui prononce en dernier ressort. (L. du 18 mars 1815; L. du 21 mars 1832.)

La Cour des Comptes connaît généralement en premier et en dernier ressort de la comptabilité nationale, de celle des communes et des établissements publics dont les revenus sont supérieurs à 30,000 fr. Quand les revenus des établissements ou communes sont inférieurs à ce chiffre, les Conseils de Préfecture sont juges des contestations qui peuvent s'élever à leur sujet. Mais l'appel de leurs arrêtés est porté devant la Cour des Comptes, qui prononce alors en dernier ressort et comme tribunal du second degré. Toutefois, les arrêts de la Cour des Comptes ne sont pas toujours irrévocables. Dans certains cas, elle peut les réviser elle-même; dans d'autres, un pourvoi en cassation peut être porté contre ses arrêts devant le Conseil d'État.

De tout ce que nous venons de dire, il résulte surabondamment que le Conseil d'État a la plénitude de toutes les juridictions administratives. C'est le Tribunal d'appel ordinaire, et quelquefois même on pourrait dire de lui qu'il est le Tribunal de cassation du pouvoir administratif.

CHAPITRE II.

DE LA COMPÉTENCE.

Maintenant que nous connaissons la juridiction administrative, nous allons nous demander sur quelles matières elle s'exerce, quel est son objet, quelle est sa mesure?

Le contentieux est l'objet de la juridiction administrative.

Qu'est-ce donc que le contentieux? Avant de répondre à cette question, posons ce principe que la compétence de l'autorité administrative présuppose toujours l'existence d'un acte administratif qui lui sert de fondement. Pour qu'un acte soit administratif, il faut deux choses : 1° qu'il émane de l'autorité administrative, et 2° qu'il se rapporte à un objet d'administration.

Nous pouvons maintenant définir le contentieux. Le contentieux administratif suppose en présence d'abord un acte administratif, et en second lieu, un droit acquis qui se prétend lésé. Quand ces deux éléments concourent, ils constituent ce qu'on appelle le contentieux administratif.

Pour mettre ces principes dans tout leur jour, nous allons en faire l'application aux divers actes par lesquels se manifeste le pouvoir exécutif. Ces actes se divisent en trois classes :

I. *Actes par lesquels s'exerce le gouvernement.* — Le pouvoir exécutif publie des ordonnances générales, fait des traités, règle les rapports de la France avec les autres nations, etc. Tous ces actes du gouvernement ne peuvent tomber sous la compétence de la juridiction administrative. La raison en est qu'ils sont tous faits en vue de l'intérêt public ou collectif, et que nul ne peut opposer son intérêt privé à l'intérêt général, nul ne peut avoir de droit acquis contre l'intérêt public.

II. *Actes de pure administration.* — En général, les actes de commandement, les actes d'administration pure ne peuvent être attaqués que par la voie gracieuse : *ea quæ sunt meri imperii vel facultatis, non sunt jurisdictionis.* Ainsi, les ordonnances et règlements qui prescrivent des mesures d'administration publique ou de police ne peuvent fournir matière à contentieux. Au contraire, les actes qui tiennent plus du jugement que du commandement sont sujets au recours contentieux.

III .*Actes qui se rattachent à la gestion du domaine de l'État.* — Il faut ici distinguer entre les actes dans lesquels le gouvernement figure comme propriétaire des biens du domaine de l'État, et ceux qui ont pour objet l'administration proprement dite. Dans la première hypothèse, l'État est considéré comme un simple particulier; il y a lieu. par conséquent, à la compétence judiciaire. Dans la seconde, au contraire, il y a lieu à la compétence administrative.

De tout ce que nous venons de dire, il résulte que le principe sur lequel repose la compétence administrative, c'est qu'elle est déterminée par la nature des intérêts à juger. Toutes les discussions, en tant qu'elles peuvent naître des actes de l'autorité administrative dans leurs rapports avec les droits acquis aux administrés, sous les exceptions que nous avons signalées, sont de la compétence de la juridiction administrative et forment le contentieux administratif.

––––––––

POSITIONS.

Droit Administratif.

Le lit des rivières qui ne sont ni navigables ni flottables appartient-il à l'État ou aux propriétaires riverains? A l'État.

Droit Criminel.

La loi de 1819 sur la diffamation s'étend-t-elle à la mémoire d'un mort? Non.

Droit Commercial.

La femme qui fait le commerce doit-elle être réputée, quand elle contracte, obligée comme commerçante? Oui.

Vu pour l'impression,

Le doyen, Th. BIDARD.

AUG. BLANDIN.

RENNES. — IMP. DE CH. CATEL ET Cⁱᵉ.